BEI GRIN MACHT SICH IHR WISSEN BEZAHLT

- Wir veröffentlichen Ihre Hausarbeit,
  Bachelor- und Masterarbeit

- Ihr eigenes eBook und Buch -
  weltweit in allen wichtigen Shops

- Verdienen Sie an jedem Verkauf

Jetzt bei www.GRIN.com hochladen
und kostenlos publizieren

Beweglichkeitstestung und Erstellung eines Beweglichkeits- und Koordinationstrainings

GRIN

Bibliografische Information der Deutschen Nationalbibliothek:

Die Deutsche Nationalbibliothek verzeichnet diese Publikation in der Deutschen Nationalbibliografie; detaillierte bibliografische Daten sind im Internet über http://dnb.d-nb.de abrufbar.

ISBN: 9783346897299
Dieses Buch ist auch als E-Book erhältlich.

© GRIN Publishing GmbH
Trappentreustraße 1
80339 München

Druck und Bindung: Books on Demand GmbH, Norderstedt Germany
Gedruckt auf säurefreiem Papier aus verantwortungsvollen Quellen

Das Buch bei GRIN: https://www.grin.com/document/1367464

Deutsche Hochschule für

Prävention und Gesundheitsmanagement

Hermann Neuberger Sportschule 3

66123 Saarbrücken

Einsendeaufgabe

Fachmodul:	Trainingslehre 3
Studiengang:	BSÖ
Datum Präsenzphase:	07.12.2020-09.12.2020
Studienort:	**Stuttgart**
Semester:	**WS18**

Inhaltsverzeichnis

1 Teilaufgabe 1 – Personendaten

Tabelle 1: Personendaten (Eigene Darstellung)

Alter	27
Geschlecht	Weiblich
Körpergröße	1,70m
Körpergewicht	58 Kg
Trainingsmotiv	- Verbesserung der Beweglichkeit - Sportvorbereitung - Lösen von Verspannungen in der Halswirbelsäule (HWS)
Berufliche Tätigkeit	Bürokauffrau
Aktuelle sportliche Aktivität	Seit 4 Wochen in der 2. Mannschaft Handball
Frühere sportliche Aktivität	Von der E-Jugend bis zur aktiven Mannschaft im Verein bis zu einem Alter von 22 Jahren
Zeitlicher Verfügungsrahmen	2-3 Mal wöchentlich mit einem zeitlichen Umfang von 90 Minuten
Orthopädische Einschränkungen	Keine orthopädischen Einschränkungen
Sonstige Einschränkungen	Keine Erkrankungen

Anhand der in Tabelle 1 aufgelisteten Parameter ist zu erkennen, dass die Testperson voll belastbar ist und keine orthopädischen Einschränkungen hat. Die Testperson hat Erfahrung mit Dehnübungen im Rahmen des Handballtrainings, hat seit 5 Jahren keine Dehnübungen mehr gemacht und muss deshalb als wenig erfahren im Dehntraining eingestuft werden. Der Beweglichkeitstest, das Beweglichkeitstraining und das Koordinationstraining können vollständig durchgeführt werden, ohne dass orthopädische Einschränkungen berücksichtigt werden müssen.

2 Teilaufgabe 2 – Beweglichkeitstestung

Die Testperson möchte ihre Beweglichkeit verbessern. Um den Beweglichkeitsumfang zu ermitteln, wird ein Beweglichkeitstest durchgeführt.
Im Folgenden werden die fünf Tests erläutert.

2.1 Test der Beweglichkeit des M. pectoralis major

Die Testperson legt sich auf einer Behandlungsliege auf den Rücken, sodass die Außenkante eines Schulterblattes am Rand der Liege aufliegt. Zur Beckenfixierung werden die Beine angewinkelt, sodass die Füße Kontakt zur Auflagefläche haben. Der Tester fixiert den Thorax mit der Hand oder dem Unterarm diagonal von der zu testenden Seite weg. Der zu testende Arm wird im Schultergelenk um 90° abduziert und außenrotiert. Das Ellenbogengelenk befindet sich in einem rechten Winkel. Die zu messende Position ist der Oberarm zur Horizontale. Das Testergebnis wird durch ein Anheben des Beckens oder einer Hyperlordose in der Lendenwirbelsäule (LWS) verfälscht. Durch die Beinposition kann das Becken fixiert werden. Zur Stabilisierung der LWS können die Bauchmuskeln angespannt werden. Es wird sowohl die linke als auch die rechte Seite getestet (Eifler, 2020, S.48).

2.2 Test der Beweglichkeit des M. iliopsoas

Die Testperson legt sich auf einer Behandlungsliege auf den Rücken. Das Gesäß ist bündig mit dem Rand der Liege und die Beine sind im Überhang. Die Testperson zieht ein Bein angewinkelt maximal zum Körper heran. Der Tester kann die Testperson dabei unterstützen. Das andere Bein befindet sich im Überhang. Zu beobachten ist die Hüftflexion des hängenden Beines. Der Messbereich ist der Hüftbeugewinkel. Der Hüftbeugewinkel ist die Position des Oberschenkels im Verhältnis zur Körperlängsachse. Das Ergebnis kann durch das Anheben des Beckens oder eine Hyperlordose in der Lendenwirbelsäule verfälscht werden. Durch das angezogene angewinkelte Bein werden Becken und LWS weitestgehend fixiert. Zieht die Testperson das angewinkelte Bein selbst an, kann der Tester eine freie Hand unter die LWS legen und Druck gegen die Hand ausüben lassen. Es wird sowohl die linke als auch die rechte Seite getestet (Eifler, 2020, S.49).

2.3 Test der Beweglichkeit des M. rectus femoris

Die Testperson legt sich auf einer Behandlungsliege auf den Rücken. Das Gesäß schließt mit dem Rand der Liege ab. Die Beine sind im Überhang. Der Proband zieht ein angewinkeltes Bein maximal zum Körper heran. Das Gegenbein wird im maximal möglichen

Hüftextensionswinkel durch den Tester fixiert. Nun wird dieses Bein durch den Tester in einen maximal möglichen Kniebeugewinkel geführt. Als Messbereich gilt der Kniebeugewinkel. Der Kniebeugewinkel ist der Winkel zwischen Ober- und Unterschenkel. Als Abbruchkriterien gelten das Abheben des Beckens oder eine Hyperlordose in der Lendenwirbelsäule. Um dies bestmöglich zu vermeiden wird das angewinkelte Bein bis zur maximalen Hüftflexion gezogen. Die Testperson muss so auf der Liege liegen, dass die Beugung im Kniegelenk durch diese nicht verhindert wird. Es wird sowohl die linke als auch die rechte Seite getestet (Eifler, 2020, S.50).

2.4 Test der Beweglichkeit des Mm. ischiocrurales

Die Testperson legt sich auf einer Behandlungsliege auf den Rücken. Das nicht getestete Bein wird angewinkelt auf der Behandlungsliege abgestellt. Das zu testende Bein wird bei gestrecktem Kniegelenk vom Tester in die maximal mögliche Hüftflexion geführt. Als Messbereich gilt der Winkel zwischen Beinachse und der Longitudinalachse. Das Testergebnis wird durch das Anheben des Beckens oder einer Hyperlordose in der Lendenwirbelsäule verfälscht. Durch die Beinposition des nicht zu testenden Beines wird das Becken und die LWS weitestgehend stabilisiert. Das zu testende Bein darf während des Tests nicht gebeugt werden. Es wird sowohl die linke als auch die rechte Seite getestet (Eifler, 2020, S.51).

2.5 Test der Beweglicheit des Mm. triceps surae

Die Testperson legt sich auf einer Behandlungsliege auf den Rücken. Das nicht zu testende Bein steht angewinkelt auf der Liege. Das zu testende Bein wird gestreckt. Die Testperson positioniert sich so, dass die distale Hälfte des Unterschenkels über das Ende der Liege herausragt. Der Tester greift mit einer Hand das Bein distal am Fernsenbein und mit der anderen den Fuß an der Fußaußenkante. Der Tester übt einen Zug an der Ferse aus und zieht distalwärts. Der Daumen der anderen Hand lenkt mit einem leichten achsengerechten Druck den Fuß zum Schienbein (maximale Dorsalextension). Um den M. soleus isoliert zu testen, wird das Kniegelenk, nach dem Erreichen der maximalen Dorsalextension, gebeugt. Der Tester versucht den Bewegungsumfang zu vergrößern. Bei der Testausführung ist es wichtig, dass der Druck mit dem Daumen am äußeren Fußrand erfolgt. Bei Druck auf die Mitte der Fußsohle kann es zu einer reflektorischen Anspannung der Mm. triceps surae kommen. Dadurch wird das Testergebnis verfälscht. Es ist nicht ausreichend, nur die Fußsohle zum Schienbein zu drücken. Wichtig ist der gleichzeitige Zug an der Ferse. Es wird sowohl die linke als auch die rechte Seite getestet (Eifler, 2020, S.52).

2.6 Bewertung und Testergebnisse

In der folgenden Tabelle werden die Bewertungsstufen und die Testresultate dargestellt.

Tabelle 2: Übersicht der Bewertung und des Testergebnisses (vgl. Eifler, 2020, S.47ff)

Testübung	Bewertung	Ergebnis
M. pectoralis major	- Stufe 0 = Der Oberarm erreicht die Horizontale oder sogar darüber hinaus. = Kein Bewegungsdefizit - Stufe 1 = Der Oberarm kommt nur mit Hilfe des Testers in die Horizontale = Leichtes Bewegungsdefizit - Stufe 2 = Der Oberarm erreicht selbst mit Hilfe von dem Tester die Horizontale nicht = Deutliches Bewegungsdefizit	- Rechts: 0 - Links: 1
M. iliopsoas	- Stufe 0 = Der Oberschenkel erreicht die Horizontale oder sogar darüber hinaus = Keine Bewegungsdefizite - Stufe 1 = Der Oberschenkel kommt nur mit Hilfe des Testers in die Horizontale = Leichtes Bewegungsdefizit - Stufe 2 = Der Oberschenkel erreicht trotz Hilfe vom Tester nicht die Horizontale = Deutliches Bewegungsdefizit	- Rechts: 1 - Links: 1
M. rectus femoris	- Stufe 0 = Der Unterschenkel hängt senkrecht herunter oder darüber hinaus = Kein Bewegungsdefizit - Stufe 1 = Der Oberschenkel ist leicht nach vorne gestreckt und kommt nur mit Hilfe des Testers in die Senkrechte = Leichtes Bewegungsdefizit - Stufe 2 = Trotz Hilfe des Testers ist es nicht möglich eine 90°-Beugung im Kniegelenk hervorzubringen = Deutliches Bewegungsdefizit	- Rechts: 0 - Links: 0
Mm. ischiocrurales	- Stufe 0 = Die Testperson schafft ohne Hilfe eine Beugung im Hüftgelenk von 90° = Kein Bewegungsdefizit - Stufe 1 = Die Testperson schafft eine Beugung im Hüftgelenk zwischen 80-90° = Leichtes Bewegungsdefizit - Stufe 2 = Die Testperson schafft nur eine Beugung im Hüftgelenk unter 80° = Deutliches Bewegungsdefizit	- Rechts: 1 - Links: 1
Mm. triceps surae	- Stufe 0 = Der Testperson ist es möglich eine Dorsalextension bis zur 0°-Stellung = Kein Bewegungsdefizit	- Rechts: 0 - Links: 0

	- Stufe 1 = Eine Dorsalextension ist möglich, allerdings nicht bis zur 0°-Stellung = Leichtes Bewegungsdefizit - Stufe 2 = Eine Dorsalextension ist nur bis zu 10° unter der 0°-Stellung möglich = Deutliches Bewegungsdefizit	

Die Testperson hat leichte Bewegungsdefizite. Durch einseitige Belastungen, zum Beispiel im Sport, können muskuläre Dysbalancen, wie im M. pectoralis major, auftreten. Auf der linken Seite erreicht die Testperson die Horizontale nur mit leichtem Druck durch den Tester. Auf der rechten Seite gelingt dies ohne zusätzliche Unterstützung. Eine leichte Bewegungseinschränkung ist im M. iliopsoas erkennbar. Die Ursache hierfür könnte die sitzende Tätigkeit sein. Auf beiden Seiten wird die Horizontale nur durch die Unterstützung des Testers bei der Testperson erreicht. Im M. rectus femoris ist beidseitig keine Bewegungseinschränkung erkennbar, da die Unterschenkel auf beiden Seiten ohne Fremdeinwirkung senkrecht herunterhängen. Die Testperson schafft in den Mm. ischiocrurales auf beiden Seite eine Hüftflexion von 80-90°. Dies entspricht einer leichten Bewegungseinschränkung. In den Mm. triceps surae ist keine Bewegungseinschränkung erkennbar. Eine Dorsalextension ist auf beiden Seiten bis zur 0°-Stellung möglich. Die Testperson sollte, zusätzlich zum Beweglichkeits- und Koordinationstraining, Krafttraining betreiben.

3 Teilaufgabe 3 – Trainingsplanung Beweglichkeitstraining

Die Testperson hat 2- bis 3-mal pro Woche Zeit um ein Dehnprogramm durchzuführen. Es wurde ein Dehnprogramm mit 10 verschiedenen Übungen erstellt. Im Folgenden werden diese Dehnübungen erläutert.

3.1 Übung 1: Dehnung der seitlichen Rumpfmuskulatur

Die Testperson steht hüftbreit auf dem Boden und die Arme sind über den Kopf gestreckt. Die linke Hand greift das rechte Handgelenk. Der gesamte Oberkörper ist aufrecht. Die Testperson neigt sich bei gerader Hüfte nach rechts und dehnt damit die linke Seite. Um die Dehnung zu verstärken, zieht die linke Hand am Handgelenk. Diese Position wird pro Seite über 45 Sek. statisch gehalten. Die Übung wird auf der linken und der rechten Seite durchgeführt.

3.2 Übung 2: Dehnung der Nackenmuskulatur

Die Testperson steht hüftbreit auf dem Boden und hält in den Händen jeweils eine 1-Liter Wasserflasche. Das Gewicht der Wasserflaschen unterstützt den Dehneffekt. Die Schultern werden langsam abgesenkt, bis eine submaximale Dehnung zu spüren ist. Diese Dehnung wird 45 Sek. statisch gehalten. Die Intensität lässt sich durch verschieden schwere Wasserflaschen variieren.

3.3 Übung 3: Dehnung der Brustmuskulatur

Die Testperson steht mit den Beinen hüftbreit auf dem Boden. Der Oberkörper ist aufrecht und die Testperson richtet bewusst das Brustbein auf. Es wird eine Abduktion im Schultergelenk um 80° und eine Außenrotation um 90° eingenommen. Im Ellenbogengelenk ist ein rechter Winkel. Um von der Ausgangsposition in die Endposition zu gelangen, müssen die Arme nach hinten bewegt und die Schulterblätter bewusst zusammengezogen werden. Es werden 20 Wiederholungen durchgeführt.

3.4 Übung 4: Dehnung der Oberschenkeladduktoren

Die Testperson stellt sich mit beiden Beinen etwas breiter als hüftbreit auseinander auf den Boden. Die Fußspitzen zeigen beide nach vorne. Das Körpergewicht wird nun auf ein Bein verlagert, bis eine Dehnung auf der Oberschenkelinnenseite des anderen Beines zu spüren ist. Diese Übung wird pro Seite 20 Mal durchgeführt

3.5 Übung 5: Dehnung des Rückenstreckers

Die Testperson nimmt die Position im Vierfüßlerstand ein. Durch das Anspannen der Bauchmuskulatur wölbt sich die Wirbelsäule nach oben. Anschließend wird die Bauchmuskulatur entspannt und die Wirbelsäule geht zurück in die Ausgangsposition. Es werden 20 Wiederholungen dynamisch durchgeführt.

3.6 Übung 6: Dehnung der Hüftbeugemuskulatur

Die Testperson begibt sich in einen Kniestand. Zuerst wird ein Bein mit der Fußsohle nach unten und angewinkeltem Knie auf den Boden gestellt. Das andere Bein ist ebenfalls angewinkelt und der Unterschenkel liegt flach auf dem Boden auf. Um aus der Ausgangs- in die Endposition zu gelangen, verlagert die Testperson das Gewicht auf das vordere Bein. Es werden 20 Wiederholungen pro Seite durchgeführt. Während der gesamten Übung bleibt der Oberkörper in einer aufrechten Position.

3.7 Übung 7: Dehnung der Gesäßmuskulatur

Die Testperson liegt in Rückenlage auf einer Matte. Das linke Bein wird mit der Fußsohle nach unten auf dem Boden abgestellt. Das rechte Bein wird angewinkelt und mit beiden Händen am Knie umfasst. Um aus der Ausgangsposition in die Endposition zu gelangen, zieht die Testperson mit den Händen das Knie näher zum Oberkörper. Dies wird pro Seite 20 Mal wiederholt.

3.8 Übung 8: Dehnung der Beinbeuger

Die Testperson legt sich in Rückenlage auf eine Matte. Ein Bein wird angewinkelt und mit der Fußsohle auf der Matte abgestellt. Dadurch wird die LWS und die Hüfte stabilisiert. Das andere Bein wird im Kniegelenk gestreckt und in der Hüfte 80-90° gebeugt. Um die Fußsohle wird ein Handtuch oder ein Seil gelegt und die Enden werden in beide Hände genommen. Um von der Ausgangsposition in die Endposition zu gelangen, wird das Bein mithilfe des Handtuchs oder Seils weiter in die Hüftflexion gebracht. Pro Seite werden 20 Wiederholungen durchgeführt.

3.9 Übung 9: Dehnung der Handbeuger

Um die Handflexoren zu dehnen streckt die Testperson beide Arme nach vorne. Eine Handfläche zeigt nach oben. Die andere Hand greift die Handfläche und zieht diese vorsichtig in die Dehnung, sodass das Handgelenk in eine Extension gebracht wird. Die maximale Dehnung wird pro Seite 45 Sek. gehalten.

3.10 Übung 10: Dehnung der Wadenmuskulatur

Die Testperson stellt sich auf die unterste Stufe einer Treppe. Die Füße werden so positioniert, dass der Fußballen auf der Stufe steht und die Fersen frei in der Luft sind. Die
Füße sind ungefähr hüftbreit auseinander. In der Ausgangsposition steht die Testperson
auf den Zehenspitzen. Um in die Endposition zu gelangen, werden die Fersen langsam in
Richtung Boden abgesenkt bis eine maximale Dehnung in der Wadenmuskulatur zu spüren ist. Dies wird 20 Mal wiederholt.

3.11 Trainingsplan

Tabelle 3: Trainingsplan Beweglichkeitstraining (Eigene Darstellung)

Dehnübung	Dehnmethode	Trainingshäufigkeit pro Woche	Zielmuskulatur
1. Dehnung der seitlichen Rumpfmuskulatur (im Stehen)	Passiv-statisch	2-3	M. latissmius dorsi M. obliquus externus abdominis M. obliquus internus abdominis
2. Dehnung der Nackenmuskulatur (im Stehen)	Passiv-statisch	2-3	M. trapezius pars descendens
3. Dehnung der Brustmuskulatur (im Stehen)	Aktiv-dynamisch	2-3	M. pectoralis major
4. Dehnung der Oberschenkeladduktoren (im Stehen)	Passiv-dynamisch	2-3	M. adductor longus M. adductor magnus M. adductor brevis M. gracilis M. pectineus
5. Dehnung des Rückenstreckers (im Vierfüßlerstand)	Passiv-dynamisch	2-3	M. erector spinae
6. Dehnung der Hüftbeugemuskulatur	Passiv-dynamisch	2-3	M. iliopsoas M. rectus femoris
7. Dehnung der Gesäßmuskulatur	Passiv-dynamisch	2-3	M. gluteus maximus M. gluteus medius M. gluteus minimus
8. Dehnung der Beinbeuger	postisometrisch	2-3	M. biceps femoris M. semimembranosus M. semiendinosus

9. Dehnung der Hand-beuger	Passiv-statisch	2-3	M. palmaris longus
			M. flexor carpi radialis
			M. brachioradialis
			M. flexor carpi ulnaris
			M. flexor digitorum superficialis
10. Dehnung der Wadenmuskulatur	Passiv-dynamisch	2-3	M. soleus
			M. gastrocnemius

Das Trainingsprogramm umfasst den ganzen Körper und ist sowohl auf die sitzende Tätigkeit und dadurch begründeten HWS-Verspannungen, als auch auf die Sportvorbereitung ausgerichtet. Die Reihenfolge der Dehnübungen ist so aufgebaut, dass so wenig Stellungswechsel wie möglich durchgeführt werden müssen. Die Testperson beginnt im Stehen, anschließend werden die Übungen kniend durchgeführt, dann im Liegen und abschließend nochmal im Stehen. Durch das dynamische Dehnen der Wadenmuskulatur am Ende der Trainingseinheit wird die Muskelpumpe aktiviert (o.A., 2019). Durch regelmäßiges Dehnen können muskuläre Dysbalancen und Verspannungen verringert werden (Felchner, C., 2019). Die Testperson wird jede Übung 20 Sekunden pro Seite langsam in zwei Sätzen durchführen. Eine Vergrößerung des Bewegungsumfangs ist bei der ersten und zweiten Dehnung deutlich erkennbar. Bei einem dritten Satz ist dies kaum erkennbar. Je nachdem, wann die Testperson die Dehnübungen durchführt, reicht ein submaximaler Reiz aus. Dies ist zum Beispiel bei der Regeneration der Fall (Dr. Dr. med. Lutz Aderhold, 2012). Die verschiedenen Dehnmethoden bringen diverse Vorteile mit sich. Aktiv-dynamische Dehnübungen verbessern nachweislich die intermuskuläre Koordination. Zusätzlich wird die funktionelle Länge des Muskels erarbeitet. Durch das dynamische Dehnen wird ein großer Aufwärmeffekt im Muskel erzielt, da die wiederholende Kontraktion die Muskulatur stärker durchblutet. Die ersten beiden Übungen im Trainingsprogramm werden statisch durchgeführt. Durch statisches Dehnen besteht ein geringes Verletzungsrisiko, da die Bewegung kontrolliert durchgeführt wird. Aufgrund des geringen Energieaufwands eignet sich statisches Dehnen für Regenerationszwecke (Höss-Jelten, C., 2004). Eine weitere Dehnmethode ist das postisometrische Dehnen. Durch diese Dehnmethode kann, wie zum Beispiel nach einer Verletzung, die Beweglichkeit wiederhergestellt werden und das Bewegungsausmaß vergrößert werden. Hierbei handelt es sich um eine Entspannungstechnik für reflexartig angespannte Muskelgruppen (Habersack, M., o.J.). Da die Testperson im Handball ruckartigen Bewegungen ausgesetzt ist, eignet sich dieses Trainingsprogramm insbesondere für Muskulatur der oberen und unteren Extremitäten.

4 Teilaufgabe 4 – Trainingsplanung Koordinationstraining

Die Gleichgewichtsfähigkeit ermöglicht es, den Körper in einem Gleichgewichtszustand zu bringen und ihn dort zu halten. Die Gleichgewichtsfähigkeit ist wichtig für das alltägliche Leben, da sie für die Ausführung von Bewegungsabläufen unumgänglich ist. Zudem ist die Gleichgewichtsfähigkeit eine Verletzungsprophylaxe. Da die Testperson in der Freizeit Handball spielt und dies eine sehr schnelle Sportart mit häufigen Richtungswechseln und einem hohen Verletzungsrisiko ist, ist eine Verletzungsprophylaxe und eine Hand-Fuß-Koordination, wichtig. Durch eine gute Gleichgewichtsfähigkeit und eine gute Koordination, kann der Alltag der Testperson leichter gemeistert werden. Im Handballspiel kann die Testperson dadurch die schnellen Bewegungen und Richtungswechsel besser kontrollieren (Dr. med. Nonnenmacher, 2019). Oftmals ist durch mangelnde Bewegung, wie es die sitzende Tätigkeit bei der Testperson sein kann, die Bewegungskoordination verschlechtert (Deutsche Hochschule f. P. u. G., 2014). Anhand dieser Kriterien ist der folgende Trainingsplan konzipiert.

Tabelle 4: Trainingsplan Koordinationstraining mit einer Beschreibung (Eigene Darstellung)

Übung	Ausführung	Sätze	Satzpause	Belastungsdauer
1. Beidbeiniger Stand mit einer Balance-Stange	Hüftbreiter Stand mit leicht gebeugten Knie. Die Arme werden nach vorne gestreckt und greifen die Stange schulterbreit.	2	60 Sek.	20 Sek.
2. Einbeiniger Stand mit einer Balance-Stange	Hüftbreiter Stand und ein Bein wird angehoben. Im Kniegelenk des angehobenen Beines ist ein 90°-Winkel. Die Balance-Stange wird mit gestreckten Armen schulterbreit gehalten. Die Übung wird beidseitig durchgeführt.	2	60 Sek.	20 Sek. pro Seite
3. Einbeiniger Stand mit einer Balance-Stange (mit geschlossene Augen)	Die Beine stehen hüftbreit und ein Bein wird angehoben. Im Kniegelenk des angehobenen Beines ist ein 90°-Winkel. Die Balance-Stange wird mit gestreckten Armen schulterbreit	2	60 Sek.	20 Sek. pro Seite

	nach vorne gehalten. Die Augen sind währenddessen geschlossen. Die Übung wird beidseitig durchgeführt.			
4. Beidbeiniger Stand auf einer weichen Unterlage (mit geschlossenen Augen)	Hüftbreiter Stand mit leicht gebeugten Knien auf einer weichen Unterlage. Die Arme werden nach vorne gestreckt und greifen die Stange schulterbreit. Die Augen sind währenddessen geschlossen.	2	60 Sek.	20 Sek.
5. Einbeiniger Stand auf einer weichen Unterlage (mit geschlossene Augen)	Die Beine stehen hüftbreit auf einer weichen Unterlage und ein Bein wird angehoben. Im Kniegelenk des angehobenen Beines ist ein 90°-Winkel. Die Balance-Stange wird mit gestreckten Armen schulterbreit nach vorne gehalten. Die Augen sind währenddessen geschlossen. Die Übung wird beidseitig durchgeführt.	2	60 Sek.	20 Sek. pro Seite
6. Kniebeuge auf einer weichen Unterlage	Die Beine stehen Hüftbreit auf einer weichen Unterlage. Das Gesäß wird, während die Knie gebeugt werden, nach hinten und unten geschoben. Dabei dürfen die Knie nicht über die Fußspitzen hinausragen. Die Arme werden nach vorne gestreckt.	2	60 Sek.	20 Sek.
7. Liegestützen mit Schulter antippen	Die Hände werden Schulterbreit auf dem Boden positioniert. Anschließend wird die Liegestützposition eingenommen. Der gesamte Körper befindet sich in einer Linie und ist angespannt. Die Arme werden langsam gebeugt. Kurz bevor der Körper auf dem Boden abgelegt wird, wird die Position gehalten. Anschließend werden die Arme wieder gestreckt. In dieser Position wird eine Hand zur gegenüberliegenden Schulter geführt.	2	60 Sek.	20 Sek.

	Dies wird abwechselnd durch-geführt.			
8. Einbeiniger Stand während ein Ball geprellt wird	Während dem einbeinigen Stand soll ein Handball ununter-brochen geprellt werden. Die Übung wird beidseitig durchge-führt.	2	60 Sek.	20 Sek. pro Seite
9. Einbeiniger Stand mit schwin-gendem Bein wäh-rend ein Ball ge-prellt wird	Während dem einbeinigen Stand soll ein Handball ununter-brochen geprellt werden. Das angehobenen Bein wird wäh-rend der Übungsdurchführung nach vorne und hinten ge-schwungen. Die Übung wird beidseitig durchgeführt.	2	60 Sek.	20 Sek. pro Seite
10. Liegestütz mit Ball	Während man sich in der Liege-stützposition befindet, wird ein Handball in 8-Form um die Un-terarme gerollt. Die Hände wer-den abwechselnd angehoben.	2	60 Sek.	20 Sek.

Das Trainingsprogramm ist so konzipiert, dass die Testperson es zu Hause oder während einer Trainingseinheit im Handball durchführen kann. Angesetzt wird es für eine Zeit von 30-40 Minuten (Golle, K., 2019). Die Reihenfolge baut von einer einfachen zu einer kom-plexeren Übung auf. Trainingsübungen mit offenen Augen sind leichter zu bewältigen, als mit geschlossenen Augen und Übungen auf hartem Untergrund leichter als auf wei-chem Untergrund. Da die Testperson 2-3 Mal pro Woche Zeit hat für eine Trainingsein-heit, wird das Koordinationsprogramm 2 Mal wöchentlich durchgeführt. Zwischen den einzelnen Sätzen wird eine Pause von 60 Sekunden eingehalten. Der Schwierigkeitsgrad variiert durch verschiedene Einflussfaktoren. Die Testperson startet mit einer leichten Übung bei geöffneten Augen. Die gleiche Übung wird anschließend mit geschlossenen Augen durchgeführt. Trainingsübungen mit offenen Augen sind leichter zu bewältigen als mit geschlossenen Augen. Danach wechselt der Untergrund vom harten Boden zu einem weichen Balance Pad. Übungen auf hartem Untergrund sind leichter als auf wei-chem Untergrund, da es leichter ist das Gleichgewicht zu halten. Um die Sportart mit einzubeziehen, wird in den anschließenden Übungen ein sportartspezifisches Training mit dem Handball durchgeführt. Durch das schwingende Bein wird die Übung etwas er-schwert. Wichtig ist, dass die Übung korrekt durchgeführt wird. Eine fehlerhafte Ausführung ist ein Abbruchkriterium. Man kann durch verschiedene Hilfsmittel den Schwierigkeitsgrad weiter erhöhen, wie zum Beispiel einen Medizinball, Seile oder ein Balance Board.

5   Teilaufgabe 5 – Literaturrecherche

Im Folgenden werden zwei Studien zum Thema „Effekte des Dehnens auf die Bewegungsreichweite bzw. auf die Dehnungsspannung" dargestellt.

5.1   Studie 1: „Wie beeinflussen unterschiedliche Dehnintensitäten kurzfristig die Veränderung der Bewegungsreichweite"?

Tabelle 5: Wie beeinflussen unterschiedliche Dehnintensitäten kurzfristig die Veränderung der Bewegungsreichweite? (vgl. Marschall; F., 1999)

Wer hat die Studie durchgeführt?	Dr. Franz Marschall
In welchem Jahr wurde die Studie publiziert?	1999
Welche Forschungsfragen wurden untersucht?	Wie wirken sich unterschiedlich intensive mechanische Dehnbelastungen der ischiocruralen Muskulatur auf die maximale Bewegungsreichweise aus? Wie verändert sich innerhalb einer Serie mit wiederholten Dehnungen der subjektiv angesteuerte Gelenkwinkelbereich?
Mit welchen Versuchspersonen wurde die Studie durchgeführt?	Die Studie wurde mit 21 Versuchspersonen, bestehend aus 12 Männer und 9 Frauen (Alter 24,8 ± 3,4 Jahren; Größe 172,9 ± 8,5cm; Gewicht 66,6 ± 11,0kg) durchgeführt.
Wie sah der Versuchsaufbau der Studie aus?	Nach einem Eingewöhnungstest zur Erfassung der maximalen Dehnfähigkeit wurden die Probanden in zufällige Treatment-Gruppen („Weiches Dehnen" und „Maximales Dehnen") zugewiesen. Mit einer spezifischen Erwärmung der ischiocrurale Muskulatur durch ein Fahrradergometer und einer darauffolgenden Kniegelenkübung wurde die maximale Dehnfähigkeit ermittelt. Die Treatment-Prozedur umfasste insgesamt 15 Wiederholungen ohne Pause aus der 0°-Position des Hüftgelenks bis zur individuellen Treatment-Grenze. Abschließend wurde die maximale Dehnfähigkeit erneut erfasst.

Welche relevanten Ergebnisse und Schlussfolgerungen lieferte die Studie?	Die verschiedenen Intensitätsstufen führten für kurze Zeit zu einer deutlichen Verbesserung der maximalen Bewegungsreichweite. Diese Veränderung mit maximaler Intensität unterscheidet sich allerdings statistisch enorm von der Veränderung nach 15 Wiederholungen mit submaximaler Intensität. Entgegen der Erwartungen kommt es bei den 15 Wiederholungen zu keiner Verschiebung der Dehnschwelle in größeren Gelenkwinkelbereichen.

5.2 Studie 2: „Bewegungsreichweite, Zugkraft und Muskelaktivität bei eigen – bzw. fremdregulierter Dehnung".

Tabelle 6: Bewegungsreichweite, Zugkraft und Muskelaktivität bei eigen – bzw. fremdregulierter Dehnung
(vgl. Glück, S., Schwarz, M., Hoffmann, U. und Wydra, G., 2002)

Wer hat die Studie durchgeführt?	S. Glück, M. Schwarz, U. Hoffmann, G. Wydra
In welchem Jahr wurde die Studie publiziert?	2002
Welche Forschungsfrage wurde untersucht?	Bewegungsreichweite, Zugkraft und Muskelaktivität bei eigen- bzw. fremdregulierter Dehnung
Mit welchen Versuchspersonen wurde die Studie durchgeführt?	Die Studie wurde mit 27 Sportstudenten, bestehend aus 16 Männern und 11 Frauen (Alter: 24,8±1,7 Jahre; Gewicht: 67,6±9,6 kg; Größe: 175,6±7,7 cm).
Wie sah der Versuchsaufbau der Studie aus?	Die Probanden wurden in drei zufällig gewählte Gruppen aufgeteilt. Zur Überprüfung der Dehnfähigkeit der ischiocruralen Muskeln führten alle Probanden drei standardisierte Testformen in randomisierter Reihenfolge durch. In den ersten Wochen wurden drei Gewöhnungstermine durchgeführt. Mithilfe einer Apparatur sollten sich die Probanden mit der maximalen Dehnposition an der Schmerzgrenze und den drei Durchführungsformen vertraut machen. Die drei Durchführungsformen sind die direkte und indirekte Eigendehnung und die indirekte Fremddehnung. Nach einer einwöchigen Pause begann die Testphase. Pro Woche wurde ein Test durchgeführt. Am Tag vor dem Test sollte keine intensive körperliche Belastung und kein zusätzliches Beweglichkeitstraining durchgeführt werden. Der erste Test bestand daraus, dass die Probanden eine direkte Eigendehnung durch selbstständiges Dehnen über einen Seilzug durchführten. Im zweiten Test führten die Probanden eine indirekte

	Eigendehnung durch selbstständiges Bedienen eines Elektromotors durch. Im dritten Test steuerte der Testleiter die indirekte Fremddehnung über einen Elektromotor. Vor jedem Test erfolgte eine Erwärmung auf einem Fahrradergometer über fünf Minuten. Danach wurden die Probanden in Rückenlage standardisiert fixiert und die Beingewichtskraft in einem Hüftflexionswinkel von 45° bei gleichzeitiger Knieextension bestimmt. Das zu testende Bein wurde durch direkte oder indirekte Eigendehnung bzw. indirekte Fremddehnung 15 Mal nacheinander in eine maximale Dehnposition und sofort wieder zur Ausgangsposition bewegt. Es wurden folgende Parameter erfasst: - Zugkraft bei konstantem Winkel - Maximale Bewegungsreichweite - Muskelaktivität des M. biceps femoris
Welche relevanten Ergebnisse und Schlussfolgerungen lieferte die Studie?	Sowohl zwischen der direkten und indirekten Eigendehnung, als auch der direkten Eigendehnung und der indirekten Fremddehnung wurden hochsignifikante Gruppenunterschiede festgestellt. Im Mittel lag der BR_{max} bei direkter Eigendehnung um 5% höher als bei indirekter Eigendehnung und indirekter Fremddehnung. Bei der Muskelaktivität und der Zugkraft konnten keine signifikanten Gruppenunterschiede festgestellt werden.

6 Literaturverzeichnis

Deutsche Hochschule f. P. u. G. (2014). *Koordinationstraining.* Abgerufen am 15.12.2020 unter http://www.gesundheitaktivgestalten.de/fachgebiete/koordinationstraining/

Dr. Dr. med. Aderhold, L. (2012). *Dehnen – wann und wie? – Dr. Dr. med. Lutz Aderhold.* Abgerufen am 15.12.2020 unter https://germanroadraces.de/?p=45261

Dr. med. Nonnenmacher (2019). *Gleichgewichtsfähigkeit.* Abgerufen am 14.12.2020 unter https://medlexi.de/Gleichgewichtsf%C3%A4higkeit#Quellen

Efiler, C. (2020). *Trainingslehre III – Gesundheitsorientiertes Beweglichkeits- und Koordinationstraining.* Saarbrücken: Deutsche Hochschule für Prävention und Gesundheitsmanagement

Felchner, C. (2019). *Dehnen.* Abgerufen am 15.12.2020 unter https://www.netdok

tor.de/sport-fitness/dehnen/

Glück, S., Schwarz, M., Hoffmann, U. & Wydra, G. (2002). *Bewegungsreichweite, Zugkraft und Muskelaktivität bei eigen- bzw. fremdregulierter Dehnung. Abgerufen* am 10.12.2020 unter https://www.germanjournalsportsmedicine.com/fileadmin/content/archiv2002/heft03/a01_0302.pdf

Golle, K. Granacher, U., Mechling, H., (2019). *Koordinative Fähigkeiten und Koordinationstraining im Sport.* Abgerufen am 14.102020 unter https://www.researchgate.net/profile/Kathleen_Golle/publication/332867516_Koordinative_Fahigkeiten_und_Koordinationstraining_im_Sport/links/5cceef66458515712e940629/Koordinative-Faehigkeiten-und-Koordinationstraining-im-Sport.pdf

Habersack, M. (o.J.). *Postisometrische Relaxation.* Abgerufen am 15.12.2020 unter https://www.medon.de/postisometrische_relaxation.html

Höss-Jelten, C. (2004). *Untersuchung zu den unmittelbaren Wirkungen verschiedener Dehnmethoden auf ausgewählte Kraftparameter.* Abgerufen am 15.12.2020 unter https://mediatum.ub.tum.de/doc/603158/document.pdf

Marschall, F. (1999). *Wie beeinflussen unterschiedliche Dehnintensitäten kurzfristig Die Veränderung der Bewegungsreichweite?.* Zugriff am 10.12.2020 unter https://www.germanjournalsportsmedicine.com/fileadmin/content/archiv1999/Heft01/1999_01_MUSKELDEHNUNG.pdf

o.A. (2019). *Bewegungstipps gegen Thrombose.* Abgerufen am 14.12.2020 unter https://patienten.thromboseportal.eu/vorbeugung/bewegungstipps

7   Abbildungs- und Tabellenverzeichnis

BEI GRIN MACHT SICH IHR
WISSEN BEZAHLT

- Wir veröffentlichen Ihre Hausarbeit,
  Bachelor- und Masterarbeit

- Ihr eigenes eBook und Buch -
  weltweit in allen wichtigen Shops

- Verdienen Sie an jedem Verkauf

Jetzt bei www.GRIN.com hochladen
und kostenlos publizieren